갈라파고스붉은게

갈라파고스바다사자*

갈라파고스펭귄*

갈라파고스땅거북*
(안장형 등딱지)

팔로산토나무

붉은눈갈매기*

아메리카 검은머리물떼새

갈라파고스땅거북*
(돔형 등딱지)

갈라파고스에 사는 생물들

(*표시가 붙은 생물은 갈라파고스에서만 사는 고유종입니다.)

>>> 일러두기

남아메리카 대륙에서 살던 이구아나의 조상이 갈라파고스의 한 섬에 흘러들어와 살기 시작한 이후로, 이구아나는 바다에 사는 것과 육지에 사는 것으로 나뉘어 진화했습니다. 바다에 사는 이구아나를 바다이구아나, 육지에 사는 이구아나를 육지이구아나라고 합니다. 그런데 육지이구아나의 경우 국내에 소개되면서 대부분 갈라파고스이구아나로 번역되었습니다. 이 책에서는 이구아나의 조상이 바다와 육지로 나뉘어 진화했다는 점을 설명하고 있어서, 육지이구아나로 표기합니다.

갈라파고스가마우지*

갈라파고스이구아나
/ 육지이구아나*

갈라파고스어리호박벌*

갈라파고스말똥가리*

스칼레시아나무*

노란이마해오라기

갈라파고스나무고사리*

갈라파고스흉내지빠귀*

글·그림 제이슨 친

제이슨 친은 아동 작가이자 일러스트레이터입니다. 직접 쓰고 그린 그의 첫 번째 책 《레드우드》는
미국의 서평 전문지 《커커스 리뷰》에서 '독창적이고 경이로운 모험'이라는 격찬을 받았습니다.
두 번째 작품인 《산호초 섬》 또한 호평받았으며, 세 번째 책인 《갈라파고스 – 섬의 탄생과 생물의 진화 이야기》가 출간되자
〈뉴욕 타임즈〉는 "주목할 만한 책이며 과학이 뛰어난 예술과 결합되었다."고 소개했답니다.
화가인 아내 디어드리 길과 아들과 함께 미국 버몬트 주에 살고 있어요.

옮김 윤소영

윤소영 선생님은 서울대학교에서 생물교육학을 전공하고, 글 쓰는 젊은 과학도들의 모임이었던 '과학세대'에서 활동했습니다.
어린이와 청소년을 위한 과학책을 쓰는 데 큰 애정을 가지고 있으며, 외국의 여러 좋은 과학책들을 번역했습니다.
지은 책으로 《생물 에세이》, 《종의 기원, 자연 선택의 신비를 밝히다》 등이 있으며,
옮긴 책으로 《지렁이》, 《세상에서 가장 재미있는 유전학》, 《생각하는 생물》, 《동물의 행동》, 《시턴 동물 이야기》,
《상식 밖의 유전자》 등이 있습니다.

스콜라 똑똑한 그림책 09

갈라파고스 섬의 탄생과 생물의 진화 이야기

초판 1쇄 발행 2013년 9월 30일 **초판 4쇄 발행** 2022년 12월 5일

글·그림 제이슨 친 **옮김** 윤소영 **펴낸이** 이승현

출판3 본부장 최순영
그림책 팀장 엄주양 **편집** 조진희
키즈 디자인 팀장 이수현 **디자인** 이래연

펴낸곳 (주)위즈덤하우스 **출판등록** 2000년 5월 23일 제13-1071호
주소 서울특별시 마포구 양화로 19 합정오피스빌딩 17층
전화 02) 2179-5600
홈페이지 www.wisdomhouse.co.kr **전자우편** kids@wisdomhouse.co.kr

ISBN 978-89-6247-393-3 77400

ISLAND: A Story of the Galapagos by Jason Chin
Copyright © 2012 by Jason Chin
All rights reserved.
This Korean edition was published by Wisdom House, Inc. in 2013 by arrangement with Roaring Brook Press,
a division of Holtzbrinck Publishing Holdings Limited Partnership through KCC(Korea Copyright Center Inc.), Seoul.

이 책은 (주)한국저작권센터(KCC)를 통한 저작권자와의 독점계약으로 위즈덤하우스에서 출간되었습니다.
저작권법에 의해 한국 내에서 보호를 받는 저작물이므로 무단전재와 복제를 금합니다.

*스콜라는 ㈜위즈덤하우스의 아동·청소년 브랜드입니다.
*인쇄·제작 및 유통상의 파본 도서는 구입하신 서점에서 바꿔드립니다. *책값은 뒤표지에 있습니다.

•제조국 : 대한민국 •사용연령 : 4세 이상
•이 제품이 공통안전기준에 적합하였음을 의미합니다.

섬의 탄생

600만 년 전, 까마득한 옛날

가장 가까운 육지에서도 천 킬로미터나 떨어진 곳,
옹기종기 모여 앉은 섬 위로 태양이 떠오릅니다.
바람은 잠잠하고 바다는 고요하지만,
이 바다 밑에는 무엇인가가 꿈틀거리고 있었어요.

화산 하나가 수백만 년 동안 바다 밑에서 점점 커지고
있었던 거예요. 그러다 이번에 다시 폭발하면서,
화산이 바다 위로 얼굴을 내밀었어요.
새로운 섬이 태어난 거예요!

화산이 폭발할 때마다 용암이 뿜어져 나왔어요. 흘러나온 용암은 식으면서 검고 단단한 암석이 되었고, 점차 섬을 이루었습니다.

그렇게 섬은 커지고……   커지고……   더 커졌어요.

오랜 세월이 흘렀어요. 자꾸 화산 폭발이 일어나는 위험한 섬에는 아무도 살지 않았죠. 그러던 어느 날이었어요……

……먼저 생겨난 다른 섬에서 맹그로브 씨앗 하나가 바다로 떨어졌어요. 이 씨앗은 바닷물을 타고 몇 주일이나 떠돈 끝에 섬에 도착했습니다. 그리고 섬에 뿌리를 내렸어요.

얼마 뒤에는 바닷새 한 마리가 섬을 발견하고 쉬어 가기 위해 내려앉았습니다. 새는 이곳에 둥지를 틀고 지내기로 했지요.

먼저 생긴 다른 섬에서 바다이구아나들이 헤엄쳐 왔어요. 기다란 갈고리발톱 덕분에 미끄러운 바위를 딛고서 섬에 올라올 수 있었습니다.

바다이구아나는 힘센 꼬리로 물결을 헤치고 들어가 바닷속 녹조류를 따 먹었어요. 주둥이가 짧고 뭉툭해서 바위에 바짝 붙어 자라는 녹조류를 뜯어 먹기에 알맞았거든요.

이렇게 섬에 생명이 깃들기 시작했어요.

섬의 성장기
500만 년 전

100만 년이 지나자 섬은 더욱 커졌습니다.
화산 분출이 뜸해지면서 섬은 동식물들이 살기에 좋은 곳이 되었지요.
섬을 둘러싼 바다에는 물고기가 그득해서
바닷새들이 떼 지어 몰려와 물고기를 사냥했어요.

바닷가 후미진 곳에는 맹그로브가 무성하게 자랐어요.

맹그로브의 뿌리는 물이 얕은 곳에서 이리저리 얽히고설킨 모양으로 자랐는데, 이것은 바다거북과 새끼 상어, 가오리 들의 좋은 집이 되었습니다.

육지이구아나도 통나무와 나뭇가지를 타고 섬으로 흘러들어 왔어요. 뭍으로 올라온 육지이구아나는 맹그로브 숲이 있는 바닷가를 지나 산비탈 쪽에 자리를 잡았습니다.

200만 년 뒤, 섬은 주변에서 가장 큰 섬이 되었습니다.
높은 산이 있는 섬에는 구름이 많이 생겨서 비가 많이 내려요.
그러자 전보다 더 많은 동식물들이 모여들어 섬에 살게 되었습니다.

산비탈은 오래 전 용암이 흘러내린 자국으로 뒤덮여 있지만,
이제는 더 이상 화산 분출이 일어나지 않아요.
화산 활동을 멈춘 섬은 이제 천천히 가라앉고 있었어요.
아주 천천히, 1년에 1밀리미터도 안 될 만큼요.

땅 높이가 다르면 기후도 달라져요. 고도가 높은 산비탈 쪽에는 시시때때로 비구름과 안개가 머물러요. 이런 곳은 땅을 뒤덮을 정도로 식물이 쑥쑥 자라지요.

산을 내려오면 부슬부슬 메마른 땅이 나타나요. 이곳에는 육지이구아나들이 굴을 파고 살았어요.

바닷가에는 끊임없이 밀려오는 파도가 바위를 부스러뜨리면서 모래사장이 만들어졌어요. 이곳 모래밭에 바다거북과 바다이구아나가 알을 낳았어요.

그 사이, 서쪽 바다에 새로운 섬들이 솟아났어요.

어느 날 바닷새 한 마리가 날아올라 새로 솟아오른 섬으로 건너갔어요. 이 새는 앞으로 새로운 무리를 이루게 됩니다.

시간이 흐르면서 이 섬에서 다른 섬으로 여러 생명체가 건너갔어요. 바다이구아나, 맹그로브, 육지이구아나 같은 동식물이었지요.

섬의 성숙기

300만 년 전

섬이 태어난 지 300만 년이 흘렀어요. 그동안 몇몇 다른 섬들이
새로 생기고 커지고 합쳐지더니 아주 커다란 섬이 되었어요.
이제 섬은 주변에서 가장 크지는 않아요.
하지만 많은 종류의 새로운 동식물이 이 섬을 계속 찾아왔고,
앞으로도 여러 동식물이 정착해서 살게 될 거예요.

여러 해 전에 찾아온 갈매기들은 바위 절벽 위에 둥지를 틀었어요.

펭귄은 남쪽에서 왔어요. 섬 주변의 바닷물은 펭귄이 살기에 딱 알맞게 차가웠지요.

군함조는 바닷가에 터를 잡았어요. 군함조는 다른 바닷새가 부리에 물고 있는 물고기를 마치 해적처럼 낚아채는 새예요.

부리 밑에 주머니가 달린 사다새는 맹그로브에 둥지를 틀었어요. 맹그로브 숲이 파도를 막아 주는 잔잔한 물가에서 물고기를 잡아먹었지요.

100만 년 동안 더 많은 동식물들이 섬을 찾아왔어요. 북쪽에서 온 바다사자는 바닷가에 터를 잡고 무리 지어 살았어요.

육지에 홍수가 나는 바람에 물살에 휩쓸려서 바다로 떠밀려 나온 거북들은 몇 주일 동안 해류를 타고 떠돈 끝에 섬에 도착했지요.

몇몇 가마우지가 먼 바다에서 길을 잃었다가 운 좋게 섬에 흘러들어 오기도 했어요. 이 가마우지들은 섬 주변의 바다에서 풍족한 사냥터를 발견했지요.

다른 섬에서 쫓겨난 핀치 한 무리가 이 섬에서 먹기에 알맞은 작은 씨앗을 찾아내기도 했어요.

어느덧 섬의 나이는 400만 살이 되었습니다. 섬은 계속 조금씩 가라앉고 있었고 내리는 비의 양도 적어졌어요. 오랫동안 비가 내리지 않아 가문 날들이 이어졌습니다.

가뭄이 들면서 식물들이 많이 말라 죽었어요. 핀치가 먹을 씨앗도 점차 사라졌지요. 핀치들이 먹을 만한 씨앗들을 몽땅 먹어 치우는 데는 오래 걸리지 않았어요.

결국 섬에는 핀치가 먹기 힘든 커다란 씨앗들만 남았어요. 핀치 대부분은 부리가 작아 커다란 씨앗을 먹을 수가 없었고, 먹지 못한 새들은 굶어 죽을 수밖에 없었답니다.

그 가운데 몇몇 핀치는 다른 것들보다 부리가 '쪼끔' 더 커서 큰 씨앗의 껍질도 벗길 수 있었어요. 결국 부리가 큰 핀치들만 살아남아 새끼를 남기게 되었지요.

새끼들은 부모 새를 닮는 법이에요. 부리가 큰 핀치만 후손을 남기게 되면서, 후손들도 부리가 큰 것들이 주로 태어났어요. 이런 식으로 새 세대의 핀치는 앞 세대의 핀치보다 '쪼끔' 더 큰 부리를 갖고 태어나게 되었지요.

그 뒤에도 가뭄은 계속되었어요. 가뭄이 이어질 때마다 핀치의 부리는 조금씩 더 커졌어요. 여러 세대가 흐르자, 핀치의 부리는 더욱 커졌습니다. 부리가 커야 가뭄을 견디고 살아남을 수 있으니까요.

수백만 년이 흐르면서 다른 생물들도 점차 변해 갔습니다. 어떤 갈매기들은 밤에 사냥을 시작했습니다. 그후 이 갈매기는 눈이 점점 커져서, 어두울 때도 잘 볼 수 있게 되었어요.

거북은 등딱지 모양이 변했습니다. 가뭄이 계속될수록 등딱지는 점점 작아지고 앞쪽이 들려올라갔어요. 목을 길게 빼서 사막에서 길을 찾거나 체온을 식히는 데는 이런 '안장' 모양의 등딱지가 훨씬 편리하거든요.

하지만 얼가니새 같은 바닷새가 변한 이유는 기후 변화 때문이 아니었어요. 이 새는 발이 점차 파란색으로 변해 갔는데, 그건 발 색깔이 화려해야 짝짓기 상대를 쉽게 유혹할 수 있기 때문이에요.

높은 지대의 습한 지역에 살던 달팽이도 주변 환경이 건조해지면서 점차 변해 갔어요. 둥글둥글했던 껍데기가 새로운 기후에 적응할 수 있도록 가늘고 뾰족해진 거예요.

가마우지의 몸은 점점 더 무거워지고 다리 힘이 더욱 강해졌어요. 깊은 바다로 빠르게 잠수해서 더 많은 먹이를 잡아먹을 수 있도록요.

섬에는 가마우지를 잡아먹을 만한 천적이 없었어요. 굳이 날아다닐 필요가 없다 보니 가마우지의 날개는 점점 작아졌어요. 결국 아예 날지 못하는 새가 되고 말았답니다.

섬의 쇠퇴기
100만 년 전

500만 년이 흐르는 동안 섬은 낮고 평평해졌어요.
크기도 더 작아지고 더욱 건조해졌지요.

바닷새들이 아직도 바닷가 절벽 위를 무리 지어 날아다니고,

거북들은 여전히 땅 위를 느릿느릿 걸어 다니고,

바다이구아나와 바다사자 들은 지금도 바닷가 바위 위에 살고 있지만,

다른 몇몇 동식물들은 가라앉는 섬에서 더 이상 살아남지 못했습니다.

시간이 흐르면서 섬은 점점 더 많이 가라앉았어요. 이제 섬에는 고작 몇 종의 생물만 남았을 뿐입니다. 이곳에서 살던 동식물 대부분이 사라지고 말았어요.

이제 섬은 바닷물 위로 겨우 고개를 내민 작은 바위가 되었어요. 다시 생물이 살지 않는 곳이 된 거예요.

결국 섬이 태어나고 약 600만 년 만에,
섬은 끝내 바다 물결 밑으로 영영 자취를 감추었어요.

맺는 이야기

1835년

섬이 사라지고 또 오랜 세월이 흘렀어요.
이제 이 주변에 큰 섬이라고는 열다섯 개가 남았을 뿐입니다.
오래 전 사라진 섬에서 살았던 동식물들의 후손들이 이 섬들에 살고 있지요.

이 후손들은 각각의 섬 환경에 적응해 살아남은 것들이어서,

이들 중 많은 수가 지구상의 다른 어느 곳에서도 찾아볼 수 없는 희귀 생물입니다.

언젠가는 이 섬들마저도 바다 밑으로 가라앉고, 또 다른 새 섬들이 나타날 것입니다.

섬이 변화하면 섬에 속했던 동식물들도 변화하겠지요. 그래도 그들은 이 섬 저 섬 옮겨 다니며 어떻게든 살 길을 찾아낼 거예요.

여기가 갈라파고스입니다.

다윈과 갈라파고스

맺는 이야기에 등장한 배는 영국 해군의 측량선 비글호이고 섬을 탐사한 사람은 영국의 생물학자 찰스 다윈이에요. 1835년, 다윈은 갈라파고스 제도에 5주일 가량 머물며 이곳의 동물과 식물, 지질을 조사했어요. 여기서 관찰한 것들을 가지고 다윈은 서로 다른 종이 어디에서 오는가에 관해 생각했지요.

그때에는 대부분의 사람들이 지구상의 모든 생물은 오래 전에 창조되었으며 그 뒤로는 전혀 변화하지 않는다고 믿었어요. 하지만 다윈은 갈라파고스에서 관찰한 것들을 바탕으로, '생물 종은 시간이 흐르면서 변화한다, 즉 진화한다'고 생각하게 되었어요. 24년 뒤 다윈은 《종의 기원》이라는 책을 펴내고 종이 어떻게 왜 진화하는가를 설명했지요.

다윈이 발표한 '자연 선택설'은 혁명적인 이론이었어요. 다윈은 생물 종은 고정불변한 것이 아니며 끊임없이 변화한다고 보았어요. 또 시간의 흐름에 따라 동식물이 환경에 적응한다고 보고 그 과정을 설명하기도 했어요. 오늘날, 다윈의 자연 선택설은 모든 시대를 통틀어 가장 위대한 과학 이론의 하나로 인정받고 있답니다.

자연 선택은 어떻게 일어나는 것일까요?

모든 동물은 자신의 특성을 자손에게 물려주어요. 여러분이 부모님에게서 코나 눈매, 피부색을 물려받았듯이, 동물도 부리 크기나 꽁지깃 색깔을 어버이에게서 물려받지요. 이런 특성은 동물이 살아남는 데 도움이 되지만, 때로는 방해가 되기도 해요. 생존에 도움이 되는 특성은 자손에게 전달되기 쉬워요. 이 책에서는 섬에 가뭄이 들자 큰 씨앗의 껍질을 벗기는 데 도움이 되는 특성, 즉 큰 부리를 지닌 핀치들이 살아남았어요. 살아남은 핀치들은 새끼들에게 더 큰 부리를 물려주었지요.

그렇다면 생존에 불리한 특성은 어떻게 될까요? 그런 특성은 자손에게 전달되지 않고 사라져요. 큰 씨앗의 껍질을 벗기지 못한 작은 부리 핀치들이 새끼를 낳기도 전에 굶어 죽는 바람에 자손에게 작은 부리를 물려주지 못한 것처럼 말이지요. 이렇듯, 생존에 방해가 되는 특성은 사라지고 생존에 유리한 특성은 남으면서 점점 발전하지요. 그리고 이렇게 여러 세대가 지나면서 살아남기에 유리한 방향으로 생물이 진화하는 거랍니다.

갈라파고스 제도

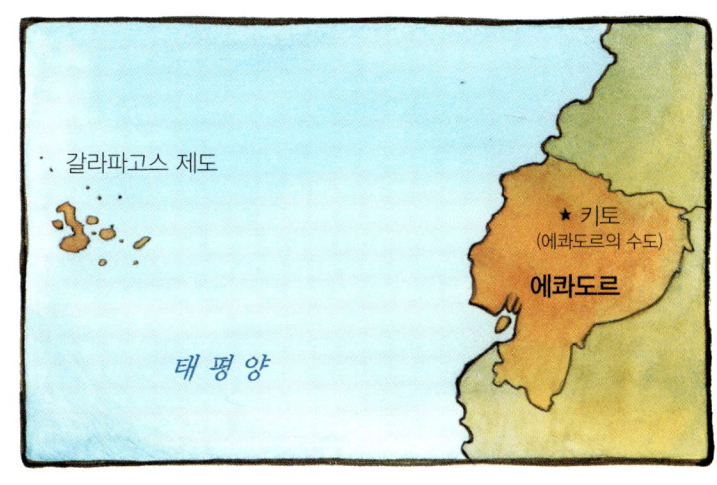

갈라파고스 제도는 큰 섬이 15개, 작은 섬과 암초 100여 개가 무리를 이루고 있는 곳이에요. 남아메리카 대륙의 에콰도르 서쪽 해안에서 약 1,000킬로미터 떨어진 곳에 위치하고 있지요. 이곳은 지구상의 다른 어느 곳과도 다르고, 섬들도 저마다 다 달라요. 어떤 섬들은 크고 숲이 우거진 산이 있지만, 어떤 섬들은 매우 평평하고 메말라서 마치 화성의 지표면 같아요.

갈라파고스의 섬들은 지각의 열점에 자리 잡고 있어요. 열점은 지구 내부 깊은 곳에서 뜨거운 암석 물질이 위로 올라오는 곳을 말해요. 암석 물질은 지표면 가까이 올라오면서 녹는데, 이렇게 녹은 암석이 지표면으로 나오면 화산이 됩니다. 화산이 계속 커지면서 수면 위로 모습을 드러내면 섬이 되지요.

이 섬들이 올라앉은 지각은 물건을 나르는 컨베이어 벨트처럼 열점 위를 천천히 움직이고 있어요. 일단 바다 위로 솟아오른 섬은 지각이 계속 움직이면서 열점에서 점점 멀어져요. 이렇게 멀어지는 동안 화산 분출은 멈추고 섬은 서서히 식어 가지요. 식어 가는 섬은 점점 작아져서 마침내 바다 밑으로 가라앉아요. 그러는 사이, 열점 위에서는 새로운 섬들이 탄생했다가 똑같은 과정을 거쳐 작아지고 사라지지요.

해수면 밑으로 가라앉은 화산섬은 해저산이 됩니다. 갈라파고스 제도 동쪽에서는 예전에 섬이었던 해저산 몇 개가 발견되었어요. 가장 오래된 해저산은 적어도 900만 년은 된 것으로 추정되는데, 몇몇 지질학자들은 갈라파고스 열점에서 수많은 섬들이 무려 9,000만 년 동안 자랐다가 사라지고 있다고 주장합니다.

화산이 폭발하면서 만들어진 섬은 시간이 지남에 따라 점점 가라앉으면서 해저산이 됩니다.

갈라파고스의 고유종

갈라파고스 제도에는 보기 드물게 많은 고유종들이 살아요. 여기서 고유종이란 어느 한 지역에만 있는 특별한 생물의 종을 말해요. 갈라파고스 제도의 고유종에는 식물이 200종이 넘고, 조류·파충류·포유류는 130종이 넘어요. 아주 먼 옛날 갈라파고스에 도착한 많은 동식물들이 오늘날의 모습으로 진화한 거예요. 바다이구아나도 그렇게 생겨났지요.

수백만 년 전 이구아나의 조상은 남아메리카 대륙에 살았는데, 이들 중 일부가 갈라파고스로 이주했어요. 그리고 몇몇이 해조류를 먹기 시작했어요. 시간이 흐르면서, 이들은 물속의 먹이에 적응해서 바다이구아나로 진화했어요. 대륙에 남아 있던 것들은 땅 위의 식물을 먹고 살다가 오늘날 남아메리카 대륙에 많이 사는 초록색 이구아나로 진화했지요. 현재, 바다이구아나는 갈라파고스 고유종이에요. 이곳에서만 이구아나가 해조류를 먹도록 진화했기 때문이에요.

남아메리카 대륙에서 이구아나 조상의 일부가 갈라파고스로 넘어왔어요.

이구아나의 조상은 갈라파고스에서는 바다이구아나로, 남아메리카 대륙에 남아 있던 종은 초록색 이구아나로 진화했어요.

갈라파고스 제도 안에서도 각각의 섬에 따라 독자적인 고유종이 있어요. 섬에 따라 갈라파고스황소거북, 코끼리거북이라고도 하는 갈라파고스땅거북 같은 것들이 각각의 섬에서 고유한 성질을 가진 고유종으로 남아 있어요. 그런데 이런 고유종의 조상은 같은 모습이었답니다.

수백만 년 전, 갈라파고스에 처음 찾아온 거북들은 이 섬 저 섬으로 퍼져 나갔어요. 서로 다른 섬에 정착한 거북은 서로 다른 방향으로 진화하면서, 저마다 독특한 등딱지를 지닌 오늘날의 모습으로 진화했어요. 이렇듯 한 종이 여러 종으로 갈라져 진화하는 일을 가리켜 '적응 방산'이라고 해요.

지은이의 말

저는 이 책에서 현재 우리가 알고 있는 갈라파고스 제도를 낳은 지질학·생물학 과정을 담은 이야기를 하고 싶었습니다. 할 수 있는 한 가장 과학적인 조사 결과를 바탕으로 내용을 채워 넣었지만, 이야기의 대부분이 워낙 먼 과거에 일어난 일이어서, 상세한 내용은 추측을 하는 수밖에 없었습니다.

그러므로 이 책에서 다룬 섬의 형성 과정이나 종의 이주와 진화 과정에 대한 내용은 밝혀진 사실과 지식을 근거로 한 추측이라는 점을 이해해 주기 바랍니다. 과학을 바탕으로 이야기를 썼지만 이야기에 생기를 불어넣은 것은 저의 상상력이랍니다.

갈라파고스의 이 경이롭고 놀라운 섬들은 저를 매혹시키고 영감을 주었습니다. 부디 여러분도 이 이야기를 통해 그 놀라운 매혹과 영감을 맛보기를 바라겠습니다.

이 책을 내면서 데니스 가이스트 박사(아이다호대학교 화성암석학 화산학 교수), 캐런 하프 박사(콜게이트대학교 지질학 부교수), 크리스틴 페어런트 박사(텍사스대학교 진화생태학자), 하이디 스넬(뉴멕시코대학교 사우스웨스턴 생물학 박물관 갈라파고스 야생동식물 연구가)에게 큰 도움을 받았습니다. 아마 이분들의 도움이 없었다면 이 책도 없었을 것입니다.

이분들에게 감사의 마음을 전합니다.

옮긴이의 말

저는 이따금씩 바람이 솔솔 통하는 마룻바닥에 누워 가만히 눈을 감고 이런 상상을 합니다. '나는 갈라파고스의 바닷가 모래사장에 누워 있는 한 마리 바다사자야. 어디가 좋을까? 산타페 섬이나 에스파뇰라 섬이 좋겠다.' 그러고 있다 보면 발끝에는 정말 바닷바람이 불어오는 듯하고, 눈꺼풀 위로는 쏟아지는 햇빛이 느껴지지요.

이 책을 번역하는 동안 젊은 찰스 다윈을 매혹한 갈라파고스, 지금도 핀치의 부리가 조금씩 뾰족해지거나 두꺼워지거나 길어지고 있는 그 '진화의 야외 실험장'에 직접 찾아간 것 같은 즐거움을 느꼈습니다. 여러분도 이 아름다운 책에서 자신만의 즐거움을 찾아내기를 바랍니다.

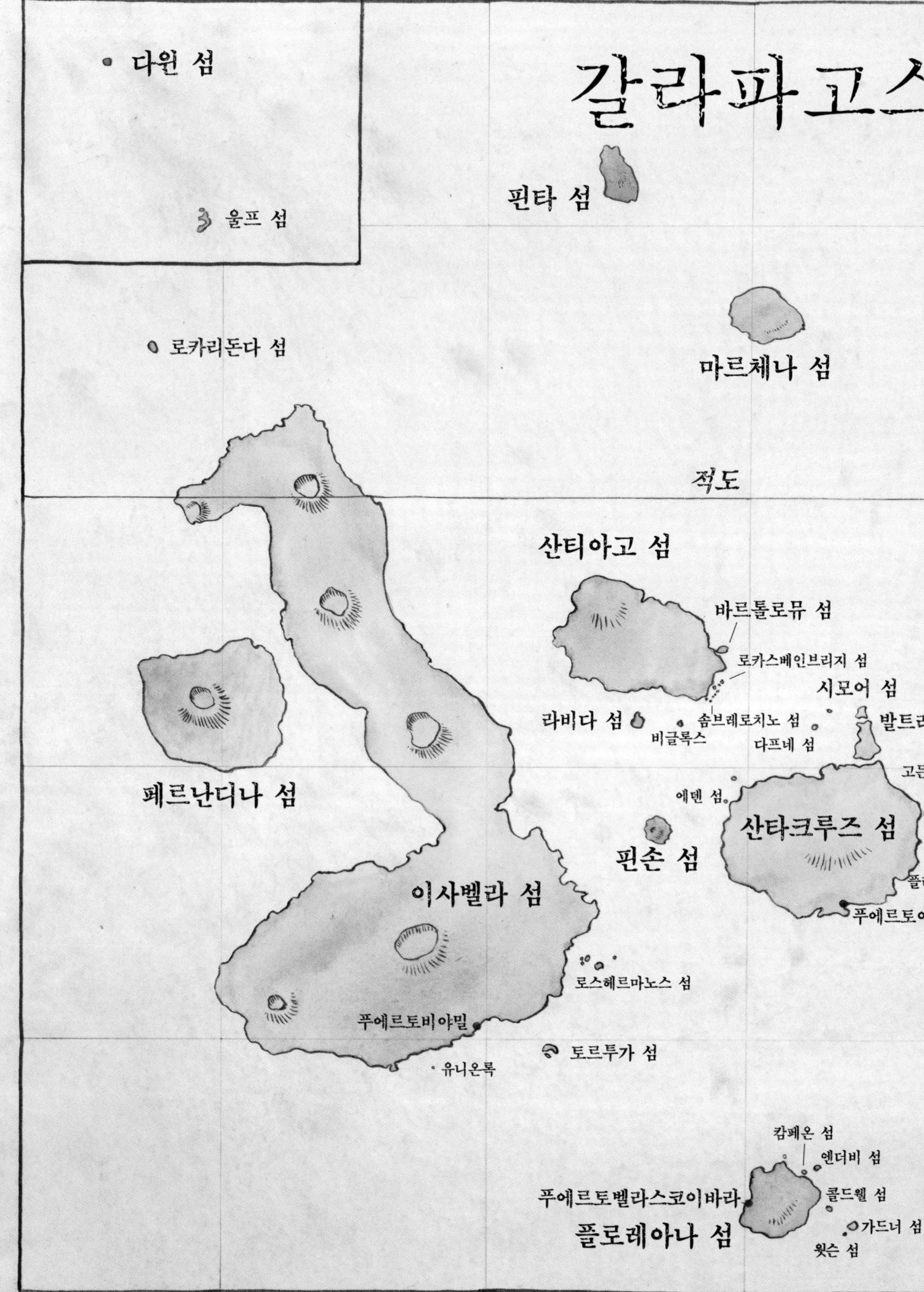